ÉTUDE

SUR LA

CAMPAGNE DE 1866 EN ITALIE

ET SUR LA

BATAILLE DE CUSTOZZA

PAR

J. VIAL

Chef d'escadron d'état-major, Professeur d'art et d'histoire
militaires à l'École impériale d'état-major.

PARIS

LIBRAIRIE MILITAIRE DE J. DUMAINE,

LIBRAIRE-ÉDITEUR DE L'EMPEREUR,

Rue et Passage Dauphine, 30.

—

1870

Traduction et reproduction réservées.

2e série.—No 2.

PARIS. — IMPRIMERIE COSSE ET J. DUNAINE, RUE CHRISTINE, 2.

ÉTUDE

SUR LA

CAMPAGNE DE 1866 EN ITALIE

ET SUR LA

BATAILLE DE CUSTOZZA

PAR

J. VIAL

Chef d'escadron d'état-major, Professeur d'art et d'histoire
militaires à l'École impériale d'état-major.

PARIS

LIBRAIRIE MILITAIRE DE J. DUMAINE,

LIBRAIRE-ÉDITEUR DE L'EMPEREUR,

Rue et Passage Dauphine, 30.

—

1870

Traduction et reproduction réservées.

2ᵉ série. — Nᵒ 2.

ÉTUDE

SUR LA

CAMPAGNE DE 1866 EN ITALIE

ET SUR LA

BATAILLE DE CUSTOZZA

Paris.—Imp. de Cosse et J. Dumaine, rue Christine, 2.

CONFÉRENCES DU MINISTÈRE DE LA GUERRE
1869 - 1870

ÉTUDE

SUR LA

CAMPAGNE DE 1866 EN ITALIE

ET SUR LA

BATAILLE DE CUSTOZZA

PAR

J. VIAL

Chef d'escadron d'état-major, Professeur d'art et d'histoire
militaires à l'École impériale d'état-major.

PARIS

LIBRAIRIE MILITAIRE DE J. DUMAINE,

LIBRAIRE-ÉDITEUR DE L'EMPEREUR,

Rue et Passage Dauphine, 30.

1870

Traduction et reproduction réservées.

2e série.—No 2.

AVANT-PROPOS

———

Messieurs,

L'année dernière on s'est beaucoup occupé, dans les conférences, de l'étude des opérations de la guerre de 1866 en Allemagne. Pour compléter le même sujet, il m'a paru intéressant de m'occuper cette année des opérations de la même guerre, en Italie. J'ai donc choisi pour objet de la conférence de ce jour l'étude de la campagne de 1866 en Italie et de la bataille de Custozza.

Je divise mon travail en quatre parties :

Une première partie pour les préliminaires et la préparation de la campagne ;

Une seconde pour les opérations stratégiques qui amènent les armées en présence;

Une troisième pour les opérations tactiques et la bataille de Custozza ;

Une quatrième, enfin, pour les réflexions et les enseignements que suggère ce travail

ÉTUDE

SUR LA

CAMPAGNE DE 1866 EN ITALIE

ET SUR LA

BATAILLE DE CUSTOZZA

PREMIÈRE PARTIE

Préliminaires de la campagne et préparation des opérations.

I

Nous connaissons par les études de l'année dernière les causes de la guerre qui éclate en 1866 entre l'Autriche et la Prusse. Ces deux puissances se disputent la prééminence en Allemagne et elles sont parties principales dans la querelle. L'Italie n'apparaît qu'au deuxième plan, comme partie secondaire et comme auxiliaire de la Prusse.

L'Italie était une puissance nouvelle qui avait été créée en 1859 par l'appui de la France et qui s'était considérablement accrue par les annexions en 1860 et 1862; elle veut en 1866 compléter son territoire, assurer son unité par la conquête de la Vénétie et repousser les Autrichiens au delà des Alpes. Les difficultés qui s'élèvent entre les deux puissances allemandes et la guerre qui paraît devoir en être la conséquence lui offrent une occasion favorable et unique. Elle s'empresse de la saisir, et, le 8 avril, un traité d'alliance offensive est signé à Berlin entre M. de Bismark et le général Govone. Le gouvernement italien accélère alors les préparatifs de guerre qu'il a commencés depuis un mois environ; il rappelle ses réserves; il forme ses divisions et ses corps d'armée; il prépare son matériel; il achète des chevaux et il rassemble des approvisionnements de toute espèce. L'Autriche de son côté renforce son armée du Sud et s'occupe de préparatifs analogues. De sorte que, vers le 15 juin, au moment où la rupture définitive a lieu dans la diète de Francfort entre les deux puissances allemandes, nous trouvons dans la haute Italie deux nombreuses armées dont nous allons indiquer l'organisation.

II

La première est l'armée italienne, qui, comme l'Italie elle-même, est de formation récente, mais a conservé les principes d'organisation de l'armée piémontaise de 1859.

Au commencement de 1866, l'Italie a une population d'environ 22 millions d'habitants; son budget ne présente que 670 millions de recettes, vis-à-vis de 870 millions de dépenses; c'est donc un déficit d'environ 200 millions; mais c'est là un fait exceptionnel qui paraît résulter d'une organisation incomplète et qui n'exercera sur les opérations qu'une influence secondaire. L'armée permanente italienne compte 80 régiments d'infanterie, 40 bataillons de bersaglieri, 20 régiments de cavalerie, 9 régiments d'artillerie dont 5 de campagne, 3 de position et 1 de pontonniers, puis 2 régiments de sapeurs du génie, et, enfin, les divers corps accessoires qui se retrouvent dans toutes les armées européennes. Le pied de paix est d'environ 200,000 hommes; le pied de guerre de 340,000.

L'infanterie est armée de fusils Minié, à peu près comme l'infanterie française à cette époque; l'artillerie a des canons rayés de 8 et de 12.

Après l'appel de ses réserves et au moment de la déclaration de guerre, l'Italie a sous les armes environ 200,000 hommes de troupes actives,

100,000 hommes de troupes de dépôt, près de 40,000 volontaires, et enfin 100,000 gardes nationaux mobilisés.

Les troupes actives sont organisées en deux masses : l'une, sous les ordres du roi Victor-Emmanuel, se rassemble derrière l'Oglio ; l'autre, sous les ordres du général Cialdini, se rassemble derrière le Pô inférieur. Le roi a son quartier général à Plaisance, et son armée comprend 3 corps : le 1er corps sous le général Durando, qui s'organise à Lodi ; le 2e sous le général Cucchiari, qui se réunit à Crémone ; le 3° sous le général Della Rocca, qui se rassemble à Plaisance ; chaque corps se compose de 4 divisions d'infanterie avec 1 brigade de cavalerie et présente une force d'environ 40,000 hommes, de sorte que l'armée du roi compte environ 120,000 hommes. Le général Cialdini a son quartier général à Bologne ; son corps d'armée, le 4e, compte d'abord 5 divisions et bientôt après 8, qui s'étendent parallèlement au cours inférieur du Pô et présentent un effectif d'environ 80,000 hommes. Entre les deux masses italiennes, une division de cavalerie de réserve, sous les ordres du général de Sonnaz, se forme dans les environs de Crémone et doit assurer leur liaison. Les divisions italiennes comprennent deux brigades d'infanterie : chaque brigade se compose de 1 bataillon de bersaglieri et de 2 régiments à 3 bataillons de 750 hommes environ ; la division comprend en outre 3 batteries servant 18 bouches à feu et 1 compagnie du génie.

Les volontaires s'organisent aux environs de Côme sous les ordres de Garibaldi; ils comprennent 40 bataillons formant 5 brigades, mais ils sont encore assez mal armés et assez mal préparés.

Les dépôts et les gardes nationaux mobiles forment les garnisons des places fortes.

Enfin l'Italie a encore un puissant moyen de guerre dans la flotte de l'amiral Persano, qui domine l'Adriatique, et que l'on regarde comme très-supérieure à la flotte autrichienne; dans les plans du Gouvernement, cette flotte doit seconder vigoureusement les opérations de l'armée de terre.

Telles sont les forces italiennes, vis-à-vis desquelles nous devons maintenant placer les forces autrichiennes qui leur sont opposées.

Je suppose que les institutions militaires de l'Autriche sont connues, ainsi que l'organisation de son armée permanente.

Avec les ressources que présente cette armée permanente, le Gouvernement autrichien forme deux armées actives : l'armée du Nord, forte de 250,000 hommes, qui doit opérer en Bohême; et l'armée du Sud, forte de 85,000 hommes, qui doit opérer en Italie. Nous indiquerons seulement l'organisation de cette dernière.

Elle comprend 63 bataillons, 25 escadrons et 22 batteries, représentant 85,000 hommes, 15,000 chevaux et 176 bouches à feu attelées. Elle est organisée en : une brigade de cavalerie légère, et 3 corps d'infanterie, les Ve, VIIe et IXe, qui s'organisent à Vérone, Padoue et Vicence.

Chaque corps comprend 3 brigades, 1 ou 2 escadrons de cavalerie et 1 réserve d'artillerie ; chaque brigade se compose de 1 bataillon de chasseurs, de 2 régiments d'infanterie à 3 bataillons de 1,000 hommes et d'une batterie.

Telle est l'armée active du Sud, à laquelle il faut joindre d'abord de nombreuses garnisons, ensuite deux divisions chargées, l'une de la défense du Tyrol, l'autre de la défense de l'Istrie, et enfin entre les deux une brigade mixte chargée de les relier l'une à l'autre, de couvrir les derrières de l'armée d'opérations, et de surveiller des populations frémissantes dont toutes les sympathies sont évidemment pour la cause de l'Italie.

L'ensemble des forces autrichiennes, tant actives que locales, comprend environ 200,000 h. auxquelles il faut joindre la flotte de l'amiral Tegethof dont on ne prévoyait pas alors le succès de Lissa.

Nous remarquerons que l'infanterie autrichienne est armée du fusil rayé Lorenz, qui a de la justesse et de la portée ; l'artillerie sert des pièces rayées en bronze de 4 et de 8.

Nous ajouterons que l'archiduc Albert, nommé général en chef de l'armée du Sud le 22 avril, et qui la rejoint le 9 mai, s'occupe immédiatement de renforcer les troupes actives en organisant, indépendamment de ses trois corps d'armée, une division dite de réserve, forte d'environ 12,000 hommes, qui se réunit vers le haut Adige, et dont les éléments sont pris dans les garnisons des places fortes.

En résumé, nous voyons en Italie une armée autrichienne forte d'environ 100,000 hommes qui va lutter contre une armée de 200,000 Italiens. Ces deux armées, si différentes par le nombre, ont à peu près le même armement et sont également bien disposées sous le rapport moral. Si la première est plus forte par ses traditions, sa discipline, ses cadres et son esprit militaire, la seconde a plus d'entrain, plus d'élan et plus d'enthousiasme.

Examinons maintenant le théâtre sur lequel elles doivent opérer.

III

Le théâtre de la guerre de 1866 comprend toute l'Europe centrale et embrasse à la fois l'Allemagne et l'Italie. Ce théâtre de la guerre se décompose en trois théâtres d'opérations, savoir : la Bohême au nord entre Vienne et Berlin, la

Vallée du Main à l'ouest dans la direction de Francfort et enfin la haute Italie au sud dans les environs du quadrilatère. C'est ce dernier théâtre d'opérations qui nous occupe aujourd'hui et que nous allons décrire.

Ses limites sont : au nord, la chaîne des Alpes, à l'est, l'Isonzo et l'Adriatique ; au sud, l'Apennin et à l'ouest l'Adda sur la rive gauche du Pô et le Taro sur la rive droite.

Au point de vue politique, ce théâtre comprend la Vénétie, l'Émilie, les Duchés et une partie de la Lombardie. Au point de vue stratégique, nous y trouvons des lignes et des points stratégiques. Les lignes sont naturelles ou artificielles et les premières sont formées par les chaînes de montagnes et les cours d'eau.

Les chaînes de montagnes sont les contre-forts qui se détachent des Alpes, qui descendent du nord au sud et qui séparent entre eux les divers affluents du Pô où de l'Adriatique ; c'est ainsi qu'entre la Chièse et le Mincio, nous avons une première chaîne de hauteurs qui vient mourir dans la plaine de Castiglione et qui présente les positions de la Rocca d'Anfo, de San-Martino et de Solférino ; c'est ainsi encore qu'entre le Mincio et l'Adige nous avons une seconde chaîne qui s'arrête dans la plaine de Villafranca et où nous trouvons les positions de Rivoli, de Santa-Lucia, de Custozza et de Somma-Campagna ;

c'est ainsi enfin qu'entre l'Adige et la Brenta nous avons une troisième chaîne qui se termine vers les plaines d'Arcole et qui nous offre la position de Caldiero.

Les cours d'eau qui forment des lignes stratégiques naturelles sont, indépendamment du Pô inférieur, le Mincio, qui forme la frontière des puissances belligérantes, puis l'Adige, qui coule d'abord du nord au sud, s'incline ensuite vers le sud-est et enfin vers l'est, doublant ainsi d'un côté le Mincio et de l'autre le Pô inférieur; ensuite viennent successivement la Brenta, la Piave, le Tagliamento et l'Isonzo, qui coulent du nord au sud, et qui viennent se jeter dans l'Adriatique.

Ces lignes naturelles, chaînes de montagnes et cours d'eau, doivent servir de lignes de défense à l'armée autrichienne.

Après les lignes stratégiques naturelles, nous trouvons sur le théâtre d'opérations des lignes stratégiques artificielles ou de manœuvres, qui sont formées par les voies de communication, chemins de fer, routes ou chemins. Les principales de ces lignes du côté des Autrichiens sont les deux voies ferrées qui réunissent l'Allemagne à l'Italie; la première vient du nord à travers la Bavière et le Tyrol, par Insprück, Botzen et Trente, avec une lacune pour le col de Brenner; cette ligne longe ensuite l'Adige, arrive à Vérone et se dirige sur Mantoue par Villafranca; la seconde vient de l'est par Laybach et Trieste, passe par Udine, Trévise, Venise, Padoue et Vicence, arrive à Vérone et continue vers l'ouest par Peschiera avec des stations à Somma-Campagna et San-Giorgio di Salice, sur le champ de bataille de Custozza. Ces deux grandes voies ferrées parallèles aux anciennes routes ordinaires sont les deux lignes d'opérations et les deux lignes de retraite de l'armée autrichienne, qui, après Sadowa les emploiera pour se retirer vers le Danube. Si nous considérons maintenant les lignes d'opérations offensives que les Italiens peuvent employer contre le quadrilatère, nous en trouvons trois principales : la route de Milan à Peschiera par Brescia, avec voie ferrée parallèle ; puis la route de Plaisance à Mantoue par Crémone ; enfin la ligne de Bologne à Rovigo par Ferrare. Entre ces diverses lignes d'opérations, autrichiennes et italiennes, nous trouvons ensuite un grand nombre de routes transversales servant de lignes de communication, permettant de passer d'une ligne d'opérations à une autre, et de tourner les positions trop fortes pour être attaquées directement. Parmi les lignes de communication, nous remarquerons le chemin de fer de Padoue à Rovigo, qui assure la liaison entre la droite et la gauche autrichiennes ; nous remarquerons aussi la ligne de Plaisance à Bologne, mettant en communication directe l'armée du roi et celle du général Cialdini.

Après les lignes stratégiques viennent les points

stratégiques : ce sont d'abord les places fortes, comme pour les Italiens : Plaisance, Pizzighitone, Crémone et Casal-Maggiore, servant d'appuis à l'armée principale, puis Bologne, Ferrare et Guastalla, servant d'appuis au 4ᵉ corps. Pour les Autrichiens : Vérone, place de 1ᵉʳ ordre, nœud de routes très-important, point de passage sur l'Adige, centre de population assez considérable, entourée d'une enceinte bastionnée et d'un grand camp retranché, ayant une garnison de 13,000 hommes avec 760 canons ; Peschiera avec enceinte et camp retranché, 5,200 hommes de garnison et 342 bouches à feu ; Mantoue entourée d'une inondation, ayant une tête de pont sur le Pô, celle de Borgo-Forte avec une garnison de 8,600 hommes et environ 500 canons ; Legnano avec 2,400 hommes et 185 canons. Ces quatre places forment le quadrilatère autrichien qui, en 1848 servit de réduit à Radetski et fit le salut de l'armée autrichienne ; en 1866 ce quadrilatère fut également très-utile à l'archiduc, et aujourd'hui entre les mains des Italiens, il peut encore être considéré comme un excellent réduit défensif. A ces quatre places nous ajouterons Rovigo entre le Pô et l'Adige, entouré de forts mais sans enceinte ; Venise au milieu des lagunes avec 13,000 hommes de garnison et 845 canons ; sur les derrières Palma-Nova, Osoppo, Gradisca, Trieste. Enfin quelques places fortes du Tyrol et et de la Dalmatie.

2.

Après les places fortes viennent encore comme points stratégiques les centres de population, comme Trévise, Vicence et Padoue ; les gares de chemin de fer comme celle d'Udine ; les embranchements ou nœuds des diverses voies de communication comme Villafranca, nœud des communications de la plaine entre Vérone et Mantoue ; les cols dans les montagnes, comme le Brenner, le Tonale, le Stelvio, le col de Tarvis dans les Alpes ; enfin les points de passage sur les cours d'eau, comme Mozambano, Valeggio, Pozzolo, Ferri et Goïto sur le Mincio, comme Sermide et l'embouchure du Panaro sur le Pô inférieur, points de passage offensifs des Italiens, comme Pastrengo et Badia sur l'Adige, points de passage des Autrichiens.

Tels sont les points principaux et les lignes principales qui forment l'échiquier stratégique de la campagne de 1866 en Italie.

IV

Étudions maintenant les plans de campagne des généraux opposés.

Les Italiens, confiants dans leur grande supériorité numérique, veulent prendre l'offensive, et le Gouvernement prussien, par la note de M. d'Usedom, leur indique le but principal vers lequel ils doiventtendre. Après avoir recommandé de faire la guerre à fond, le Gouvernement prussien propose de traverser ou de tourner le quadrilatère et de chercher à battre l'ennemi en rase campagne. Puis il ajoute : « Pour aller à « l'unisson avec la Prusse, il faudra que l'Italie « ne se contente pas de pénétrer aux frontières « septentrionales de la Vénétie ; il faut qu'elle « se fraie un chemin vers le Danube ; qu'elle « se rencontre avec la Prusse au centre même « de la monarchie impériale ; en un mot, qu'elle « marche sur Vienne. Pour s'assurer de la pos- « session durable de la Vénétie, il faut d'abord « avoir frappé au cœur la puissance autri- « chienne. »

La note prussienne indique la Hongrie comme le meilleur point de réunion des deux armées offensives ; le terrain y est bien préparé, les Slaves et les Hongrois recevront les Italiens en libérateurs. Voilà le plan de guerre indiqué par la Prusse, plan énergique et révolutionnaire, dont on retrouve les idées et les principes dans les ouvrages de quelques-uns de ses écrivains, particulièrement dans ceux de Clausewitz.

Mais avant de pénétrer en Hongrie, il fallait d'abord traverser ou tourner le quadrilatère : deux plans furent présentés et discutés à cet effet : le premier, soutenu par les généraux Fanti et Cialdini, consistait à faire des démonstrations sur le Mincio et à agir avec le gros de l'armée sur le Pô inférieur, en tournant, au moyen de la flotte, la gauche de chacune des lignes de défense de l'ennemi; le second, soutenu par le général Lamarmora, consistait à faire des démonstrations sur le Pô inférieur et à franchir le Mincio avec le gros de l'armée pour offrir la bataille à l'armée impériale. Chacun de ces plans avait des avantages et des inconvénients; mais on en adopta un troisième, inférieur à chacun d'eux. On résolut d'agir à la fois par les deux lignes d'opérations du Mincio et du Pô; l'armée du roi devant passer la première, et attirer ainsi l'attention de l'ennemi pour favoriser le passage de la seconde armée. Les Italiens allaient donc exécuter au sud ce que les Prussiens devaient faire au nord en envahissant la Bohême à la fois par la Saxe et par la Silésie. — L'exécution et la fortune des deux opérations furent bien différentes. Au nord, Benedeck, mal renseigné et mal préparé, ne pourra pas profiter de sa position centrale et sera écrasé entre les deux armées prussiennes agissant avec autant d'ensemble que de vigueur; au sud, l'archiduc Albert, bien renseigné, bien préparé, connaissant tous les avantages de sa position centrale, va triompher à Custozza, malgré son infériorité numérique de l'armée du roi surprise et isolée.

L'archiduc Albert, en effet, apprécie parfaitement la situation et établit un plan de campagne aussi sage qu'énergique.

L'archiduc Albert est fils de l'archiduc Charles,

l'illustre adversaire de Napoléon ; il est né en 1817, et s'est consacré depuis sa jeunesse à l'état militaire. Il a fait la campagne de 1848-1849 sous les ordres de Radetski, comme volontaire, puis comme général de division et sur le même terrain où il opère comme général en chef. Le 9 juin, il apprend la séparation en deux masses des forces italiennes, et il écrit alors à l'empereur la lettre suivante :

« La concentration dans les duchés et sur le
« Pô inférieur des forces de notre adversaire
« pouvait faire supposer qu'il avait l'intention de
« pénétrer en Vénétie en tournant le quadrila-
« tère. La position qu'il occupe maintenant
« nous permet d'assurer qu'il a abandonné ce
« projet et que son plan d'opérations actuel con-
« siste à tenir, à l'aide de la plus forte partie de
« son armée, nos forces en échec sur le Mincio,
« pour permettre au restant de franchir, sans
« danger, le Pô inférieur dans les environs de
« Ferrare, de marcher sur Padoue et de re-
« joindre l'armée du roi sous les murs de
« Vérone... »

Après avoir ainsi deviné et apprécié les projets de ses adversaires, l'archiduc évalue les forces des deux partis. Puis il ajoute :

« En présence de cette situation, je crois que
« le meilleur parti à prendre pour tenir en échec
« nos deux adversaires, c'est d'occuper une po-
« sition centrale entre Montagnana et Lonigo,

« d'où je puisse, en une marche forcée, me
« porter soit à Vérone, soit à Badia, et être
« ainsi à même de profiter des circonstances
« favorables qui pourront se présenter pour
« battre l'ennemi s'il commet une faute... »

Tout le plan de campagne de l'archiduc Albert
est résumé dans ces deux passages de sa lettre
du 3 juin. Ce plan, comme celui de Napoléon en
1809, appartient à la défensive offensive, et
cherche à mettre à profit tous les avantages
d'une position centrale.

Plus tard, le général en chef autrichien, sachant
que Cialdini éprouvera de grandes difficultés à
franchir des cours d'eau grossis par les pluies,
conclut que l'attaque par le Mincio est la plus
probable et la plus prochaine. Il pense alors à
déboucher de Vérone et à s'établir sur les hauteurs de Custozza, pour prendre en flanc l'armée
du roi défilant dans la plaine. C'est la première
idée de la bataille du 24 juin.

Nous connaissons maintenant tout ce qui a
rapport aux préliminaires de la campagne et à la
préparation des opérations, c'est-à-dire la force
et l'organisation des armées belligérantes, le
théâtre sur lequel elles vont opérer et les plans
des généraux opposés.

Nous pouvons commencer l'étude des opérations stratégiques.

—

DEUXIÈME PARTIE

Opérations stratégiques qui amènent les armées en présence.

———

I

Indiquons d'abord les dispositions des deux armées avant l'ouverture des hostilités.

Dans l'armée italienne, le 1er corps s'est formé à Lodi, le 2e à Crémone, le 3e à Plaisance et le 4e à Bologne. Vers le milieu de juin, ces différents corps font un mouvement en avant; les trois premiers, qui forment l'armée du roi, prennent position sur la Chièse, entre le lac de Garde et le Pô. Le 4e se rapproche du Pô inférieur et prend position à hauteur de Ferrare ayant 5 divisions en première ligne et d'autres en réserve ou en marche pour rejoindre. Les forces italiennes sont alors établies sur une longue ligne demi-circulaire allant des Alpes à l'Adriatique et ayant environ 50 lieues d'étendue; vers les Alpes, sur le flanc gauche, se trouvent les volontaires de Garibaldi qui menacent le Tyrol; dans l'Adriatique, sur le flanc droit, se trouve la flotte de l'amiral Persano, qui est mouillée dans le port d'Ancône et qui doit tourner la gauche des diverses lignes de défense de l'armée ennemie.

Du côté des Autrichiens, lorsque l'archiduc Albert vient prendre le commandement de l'armée, le Ve corps est à Vérone, le VIIe à Padoue et le IXe à Vicence, comme nous l'avons dit plus haut; il y a une division dans le Tyrol, une autre en Istrie, et entre les deux, une brigade mixte qui surveille les derrières de l'armée d'opérations. La guerre devenant chaque jour plus menaçante, l'archiduc rapproche ses corps de l'Adige, et, vers le 15 juin, l'armée autrichienne offre les dispositions suivantes, qui sont conformes aux idées de la lettre que nous avons citée précédemment :

Le Ve corps est toujours à Vérone et dans les environs ; le IXe est à Lonigo ; le VIIe à Montagnana ; l'armée se trouve ainsi cantonnée sur une ligne de 7 lieues de longueur environ ; elle est bien couverte par l'Adige avec ses deux places de Vérone et de Legnano ; elle peut déboucher sur l'armée du roi par Vérone et sur le 4e corps italien par Badia. Ses flancs sont couverts par les divisions du Tyrol et de l'Istrie ; ses derrières par une brigade mobile ; elle dispose du chemin de fer de Vérone à Venise avec l'embranchement de Padoue sur Rovigo ; 24 convois ont été préparés sur ces lignes pouvant transporter 1000 hommes chacun et assurant ainsi la concentration rapide de l'armée soit sur sa droite, soit sur sa gauche; le grand quartier général communique avec les corps d'armée et avec les places par le télégraphe électrique; sur le front de la position, les eaux du Pô et du Mincio sont maintenues à un niveau élevé; les inondations de Mantoue sont tendues depuis longtemps; les ponts sont prêts à être coupés; enfin une brigade, la brigade Scudier, du VIIe corps, surveille le Pô inférieur, tandis que la brigade légère du colonel Pulz surveille le Mincio. Je veux indiquer les dispositions de détail prises par cette dernière; elle comprend un régiment de hussards et un régiment de lanciers ayant chacun 4 escadrons, plus un bataillon de chasseurs à pied et une batterie de cavalerie, c'est-à-dire une batterie de 4 avec 6 chevaux par pièce.

Le quartier général de la brigade est placé à Villafranca; le bataillon de chasseurs occupe Valeggio avec un détachement sur sa droite à Mozembano et un autre sur sa gauche à Pozzolo; le régiment de hussards forme la droite avec 2 escadrons et demi à Villafranca, 2 pelotons à Pozzolo et 1 escadron à Valeggio, détachant 1 peloton à Salionze; le régiment de lanciers forme la gauche, ayant son état-major à Roverbella, 2 escadrons à Marmirolo, un à Marengo et l'autre à Castiglione. La batterie d'artillerie est auprès de Villafranca à Zenone et Grezzano. Les garnisons de Peschiera et de Mantoue surveillent le cours d'eau dans les environs des 2 places. De nombreuses patrouilles circulent le long du Mincio et interceptent toute communication d'une rive à l'autre, de sorte que les Italiens ignorent complétement les mouvements de l'armée autrichienne, tandis qu'au contraire, l'archiduc est prévenu par sa cavalerie de tous les mouvements des corps opposés. Cette cavalerie est secondée dans son service de renseignements par les employés de l'administration, des postes et des finances.

Telles sont les dispositions générales des forces opposées, de l'un et de l'autre côté de la frontière, vers le 20 juin, jour de la déclaration de guerre.

II

Le 20 juin, en effet, l'Italie déclare la guerre à l'Autriche par un manifeste qui est envoyé à l'archiduc Albert et qui annonce le commencement des hostilités pour le 23.

Du 20 au 23, les Italiens continuent à se rapprocher de la frontière et ils font des préparatifs de passage à la fois à l'est et au nord.

Pendant le même temps, l'archiduc, qui sait que des pluies considérables ont grossi les rivières devant Cialdini, et que, par conséquent, l'attaque sera forcément retardée de son côté, l'archiduc met ses troupes en mouvement.

Le 22, il amène ses trois corps en arrière de Vérone, pendant que la division de réserve se concentre à Pastrengo. Il fait distribuer des vivres, il complète les munitions; il se débarrasse de ses gros bagages; en un mot, il se prépare à une offensive rapide et vigoureuse. Pour grossir son armée au moment décisif, il rappelle la brigade qui était placée sur le Pô inférieur et il ne laisse de ce côté qu'un faible détachement comprenant 1 bataillon et 4 escadrons; en même temps, il prescrit de former à Peschiera et à Mantoue des corps de sortie qui pourront prendre part à la bataille.

Les Italiens sont loin de s'attendre à l'offensive autrichienne; ils croient au contraire à une retraite définitive de l'archiduc; trompés par une trop grande confiance, par de faux rapports et par des reconnaissances qui n'ont aperçu que des troupes légères, ils sont persuadés que les Autrichiens se sont retirés définitivement derrière l'Adige, que l'armée du roi franchira le Mincio sans combat et qu'elle pourra s'établir facilement dans l'intérieur du quadrilatère entre Villafranca et Castel-Novo. Par suite, les Italiens, qui ne s'attendent pas à un engagement sérieux, ne prennent pas les précautions nécessaires.

3.

III

Le 23, jour fixé pour le commencement des hostilités, l'armée du roi aborde et passe le Mincio.

Le 1er corps laisse la division Pianelli sur la rive droite pour observer Peschiera; les 3 autres divisions Cerale, Sirtori et Brignone passent à Mozembano, Borghetto et Pozzolo; la réserve du corps d'armée, formée de 4 bataillons de bersaglieri retirés des divisions, avec 4 batteries et 1 régiment de cavalerie, prend position sur la route de Volta à Borghetto. Dans le 3º corps, une division passe à Ferri et les trois autres à Goïto, précédées de la division de cavalerie de réserve et suivies du quartier général du roi. Dans le 2e corps, deux divisions observent Mantoue, bordent la frontière et tendent la main à l'armée de Cialdini; deux autres divisions forment la réserve générale de l'armée et prennent position dans les environs de Castelluchio.

L'armée italienne emploie donc la journée du 23 à franchir le Mincio, à s'établir sur les hauteurs de la rive gauche et à préparer la marche offensive du lendemain. La cavalerie italienne pousse à cet effet des reconnaissances jusqu'à Villafranca; elle rencontre quelques détachements autrichiens qui battent en retraite en perdant quelques prisonniers; mais nulle part, elle n'aperçoit de masses imposantes; comme l'armée française le 13 juin 1800 à Marengo, l'armée italienne ignore absolument le voisinage immédiat de l'ennemi, et dans sa marche du lendemain, elle sera complétement surprise.

Voyons maintenant comment les Autrichiens emploient cette même journée du 23, la première de la campagne.

Le 22, nous avons laissé l'armée autrichienne concentrée derrière Vérone. Le 23, dans la matinée, l'archiduc fait traverser l'Adige à toutes ses troupes. Il établit le Ve corps à Chievo, le VIIe à San Massimo et le IXe à Santa Lucia, la division de réserve à Pastrengo, et enfin en avant de l'armée, à petite distance, la brigade de cavalerie légère. Bientôt le général autrichien apprend le mouvement offensif de l'armée italienne. Il prévoit la bataille du 24, et pour s'y préparer, il prend dans la soirée, vers 4 heures, après la grande chaleur de la journée, les dispositions suivantes :

La division de réserve envoie une brigade à Sandra, sur la route de Pastrengo à Castel-Novo ; le Ve corps, qui dans la matinée n'a fait qu'une marche très-courte pour traverser Vérone, vient occuper Castel-Novo, Albarello, Sona et San Giustina avec son quartier général à Osteria del Bocco. L'archiduc avance ainsi sa droite et prépare, pour le lendemain, un mouvement de conversion à gauche qui lui permettra de prendre en flanc l'armée italienne et de menacer sa ligne de retraite. Les avant-postes de la division de réserve et du Ve corps occupent Salionze, Oliosi et Somma-Campagna. Les VIIe et IXe corps restent sous Vérone, à San Massimo et Santa Lucia.

En même temps, l'archiduc réunit presque toute la cavalerie de ses corps d'armée qui va devenir inutile dans le pays accidenté entre le Mincio et Somma-Campagna; il en forme une seconde brigade qui rejoint celle du colonel Pulz, et toutes deux doivent manœuvrer dans la plaine sur la direction de Vérone à Villafranca.

Nous remarquerons que le Ve corps, se rendant de Chievo à Castel-Novo, marche dans l'ordre suivant : d'abord une avant-garde formée de deux escadrons de lanciers; puis les trois brigades formant trois échelons successifs à une demi-heure les uns des autres environ ; enfin, le génie, l'artillerie de réserve, l'ambulance et le parc qui forment le dernier échelon et qui suivent à distance.

Telles sont, dans les deux armées, les dispositions de la journée du 23. Celles de l'archiduc paraissent bien appropriées au terrain et aux circonstances; mais cependant les Italiens n'ont encore contre eux qu'une préparation incomplète et des reconnaissances trop rapprochées. Les événements du lendemain sont donc incertains, et il est difficile d'en prévoir le résultat.

IV

Le 24 juin, anniversaire de la bataille de Solferino, les deux armées se mettent en marche vers trois heures du matin et s'avancent à la rencontre l'une de l'autre.

Dans l'armée italienne, le mouvement s'exécute de la manière suivante :

Le 1er corps d'armée doit aller se déployer entre Castel-Novo et Sona, masquant Peschiera à gauche, Pastrengo vers le nord et Vérone à droite. En conséquence, la division Pianelli reste sur la rive droite du Mincio avec une brigade devant Peschiera et une autre auprès du pont de Mozembano ; la division Cerale se porte de Mozembano sur Castel-Novo ; la division Sirtori partant de Valeggio marche sur San Giustina par Fornelli et San Rocco ; la division Brignone, partant de Pozzolo, marche sur Somma-Campagna par Torre-Gherla ; enfin, la réserve du corps d'armée vient occuper Valeggio.

Le 3e corps doit venir se déployer à la droite du 1er sur la ligne Somma-Campagna, Villafranca. En conséquence, la division Cugia marche de Ferri ou plutôt de Pozzolo sur Pozzo-Moreto ; la divisio Bixio marche de Goïto sur Ganfardine ; la division du prince Humbert suit la grande route de Villafranca; enfin, la division Govone sert de réserve au corps d'armée et s'avance par le chemin de Pozzo-Moreto.

La division de cavalerie de réserve couvre la droite du 3e corps.

Les deux divisions du 2e corps formant la réserve générale de l'armée s'avancent sur Goïto, pendant que les deux autres divisions du même corps continuent d'observer Mantoue.

Le grand quartier général marche dans la direction de Torre-Gherla.

L'armée italienne exécute donc, le 24 juin, de grand matin, une marche stratégique qui doit la conduire sur une position offensive dans l'intérieur du quadrilatère.

Nous remarquerons que, dans l'exécution de ce mouvement, l'avant-garde de la division Cerale suit bien l'itinéraire indiqué; mais la division elle-même, au lieu de se porter directement de Mozembano à Castel-Novo, redescend à Valeggio pour prendre la grande route; elle évite ainsi le feu d'un des ouvrages avancés de Peschiera; mais elle allonge son itinéraire; de plus, elle vient se croiser dans Valeggio, avec la division Sirtori, qu'elle retarde et dont elle coupe l'avant-garde; cette avant-garde de la division Sirtori va s'égarer à son tour; et à Fornelli, au lieu d'emboucher le chemin de San Rocco, elle va continuer à suivre a grande route de Castel-Novo, de sorte que la division Cerale a deux avant-gardes, et que la division Sirtori n'en a plus. Ces faux mouvements produisent, dès le début, un certain désordre dans la gauche italienne. De plus, nous répéterons encore que l'armée du roi ne s'attend pas à une bataille, que les hommes ne sont pas convenablement pourvus de vivres, que les divisions traînent avec elles tous leurs bagages qui encombrent les routes et gênent les manœuvres, enfin, que les têtes de colonne s'éclairent généralement assez mal.

Au même moment, c'est-à-dire le 24 juin, à partir de 3 heures du matin, l'armée autrichienne exécute dans le sens opposé une marche qui va la mettre en présence de l'armée italienne et amener la bataille de Custozza. Cette marche a lieu de la manière suivante :

La division de réserve descend de Castel-Novo sur Oliosi ; ses deux brigades partent de Sandra et de Pastrengo et se suivent à peu de distance ; à droite, une sortie de Peschiera passe par Cavalcasello et San Lorenzo et marche à hauteur de la division de réserve ; cette sortie comprend 4 compagnies, 4 pièces et un peloton de cavalerie.

Le Ve corps part de ses cantonnements autour d'Osteria del Bocco et s'avance par San Giorgio sur San Rocco.

Le VIIe corps part de San Massimo et s'avance vers Sona, où il laisse deux brigades qui doivent former la réserve générale de l'armée, tandis que la 3ᵉ se dirige sur Zerbare, afin de lier les Vᵉ et IXᵉ corps.

Ce dernier part de San Lucia et s'avance sur Somma-Campagna ; il doit y laisser une brigade en réserve et pousser les deux autres vers le Val Staffalo.

La cavalerie couvre la plaine à hauteur de Somma-Campagna et vis-à-vis Villafranca. Une sortie de Mantoue doit donner de l'inquiétude au 2ᵉ corps italien pour le retenir dans ses positions.

Enfin, le grand quartier général part de San Massimo, se dirige sur Sona et doit plus tard suivre le centre vers San Giorgio et San Rocco.

Prévoyant le cas d'un échec, l'archiduc marque la retraite de la division de réserve sur Ponton, des Vᵉ et VIIᵉ corps sur Pastrengo, du IXᵉ corps sur Pescantina, et enfin de la cavalerie sur San Massimo, de manière à démasquer à la fois Peschiera et Vérone.

Nous remarquerons que les troupes autrichiennes sont bien pourvues de vivres, qu'elles sont débarrassées de leurs gros bagages laissés à Vérone; qu'elles s'attendent à une bataille, et que sous ces divers rapports elles ont une véritable supériorité sur l'armée opposée.

Vers six heures du matin, les avant-gardes des diverses colonnes dont nous venons de parler se trouvent en présence les unes des autres; le feu s'engage, et alors commence la bataille de Custozza, qui va faire l'objet de la troisième partie du travail.

TROISIÈME PARTIE.

—

Opérations tactiques et bataille de Custozza.

———

I

Avant de suivre les opérations de la bataille de Custozza, nous devons jeter un coup d'œil sur le terrain qui va lui servir de théâtre et chercher à y reconnaître les positions des deux armées.

Nous ne trouvons pas ici, comme à Sadowa, d'un côté une position défensive, occupée et fortifiée à l'avance, et de l'autre côté une position offensive, sur laquelle se déploient les troupes de l'armée assaillante. A Custozza, les deux armées sont en marche au moment où leurs têtes de colonne se rencontrent inopinément et chaque colonne se déploie sur une position particulière ; mais ces positions partielles peuvent être reliées les unes aux autres, et nous retrouvons à Custozza des lignes générales de front et de marche, qui permettent de reconstituer deux positions d'ensemble et qui facilitent l'exposé des opérations.

Le terrain qui forme le champ de bataille est borné au nord par la route de Peschiera à Vérone, à l'ouest par le Mincio, au sud par la route de Goïto à Villafranca et enfin à l'est par le pied des hauteurs de Sona et de Somma-Campagna. Cette surface de terrain est presque entièrement couverte par des chaînes de collines irrégulières dont la direction générale est du nord au sud. Ces hauteurs sont l'épanouissement et la fin du contre-fort des Alpes, qui sépare le bassin du lac de Garde de celui de l'Adige. Au milieu de ce massif montagneux, nous trouvons une petite vallée dirigée du nord au sud, où coule le Tione, qui passe près de Castel-Novo et de Villafranca et qui sépare le champ de bataille en deux parties.

Voilà l'ensemble du terrain sur lequel nous allons retrouver les positions de chacune des deux armées.

Du côté des Italiens, nous trouvons d'abord entre le Mincio et le Tione, le Monte-Vento à cheval sur la route de Valeggio à Castel-Novo, et les hauteurs de Santa Lucia à cheval sur le chemin de Fornelli à San Rocco. — A droite du Tione, nous trouvons le massif de Custozza formant le Monte Torre et le Monte Crocé, en arrière du val de Staffalo, et à cheval sur la route de Valeggio à Somma-Campagna par Torre-Gherla.

A l'extrême droite se trouve Villafranca dans la plaine.

L'ensemble de ces positions partielles forme une position générale de 3 à 4 lieues de front, s'appuyant à gauche au Mincio, à droite à Villafranca, couverte sur son front par des obstacles respectables, présentant dans son intérieur de nombreux abris pour les réserves et ayant sur ses derrières une sorte de réduit formé par le Monte Mamaor, que le colonel Lecomte indique en même temps comme le poste d'observation où aurait dû s'établir pendant la bataille le général en chef de l'armée italienne.

Si la position dont nous parlons avait été occupée quelques heures à l'avance par des divisions bien liées entre elles et bien dirigées, elle eût présenté une grande force de résistance.

Du côté des Autrichiens, nous trouvons une seconde position à peu près parallèle à la première, formée à droite, entre le Mincio et le Tione par le Monte Cricol; au centre sur la rive gauche du Tione, par les hauteurs de San Rocco; à gauche par le Monte Godi et le Monte Boscone, en avant de Somma-Campagna. Toutes ces positions partielles se relient entre elles et forment une position d'ensemble de 12 à 13 kilomètres d'étendue, couverte sur son front par des obstacles, appuyée sur son flanc droit par le Mincio, protégée à gauche par la cavalerie, et ayant en arrière sur les hauteurs de Sona un bon poste d'observation pour le général en chef et un réduit susceptible de couvrir un mouvement de retraite.

C'est sur ces positions que les deux armées viennent prendre leurs ordres de bataille.

II

L'armée italienne est forte d'environ 100,000 hommes avec 7,000 chevaux et 192 bouches à feu. L'armée autrichienne est forte d'environ 75,000 hommes avec 3,500 chevaux et 168 bouches à feu.

Les ordres de bataille des deux armées résultent de leurs ordres de marche. Celui de l'armée italienne est le suivant :

Dans le 1er corps, la division Pianelli, restée sur la rive droite du Mincio, a une brigade devant Peschiera et une autre près du pont de Mozembano ; la division Cerale depasse le Monte Vento et déploie sa première brigade à hauteur d'Oliosi, perpendiculairement au chemin de Castel-Novo en conservant la seconde en colonne sur la chaussée ; la division Sirtori franchit le Tióne, déploie sa 1re brigade sur la rive gauche à hauteur de la Cascine Pernisa, et la 2e sur la rive droite et sur la position de Santa Lucia, à cheval sur le chemin de San

Rocco ; la division Brignone , marchant sur Somma-Campagna, déploie sa 1ʳᵉ brigade sur le Monte Torre, place une partie de la 2ᵉ sur les hauteurs de Custozza et garde une réserve à El Gorgo ; enfin la réserve du 1ᵉʳ corps occupe Valeggio.

Dans le 3ᵉ corps, la division Cugia se déploie derrière un pli de terrain près de Pozzo-Moreto ; les divisions Bixio et prince Humbert se forment sur deux lignes dans la plaine à gauche de Villafranca, avec la cavalerie sur leur droite ; enfin la division Govone s'avance en réserve derrière l'aile gauche du 3ᵉ corps.

Dans le 2ᵉ corps, les deux divisions qui représentent la réserve générale de l'armée s'établissent près de Goïto.

Mais cet ordre de bataille de l'armée italienne ne se forme pas simultanément d'après l'ordre et sur la direction du général en chef ; il résulte de la rencontre des troupes opposées, il est fortuit, et présente à la gauche deux graves défauts pour les divisions Cerale et Sirtori ; la première aurait dû s'arrêter sur le Monte Vento, pour se lier au reste de l'armée et pour occuper un terrain favorable ; maintenant à Oliosi elle forme un saillant dans la ligne et prête le flanc droit à la brigade Piret du Vᵉ corps autrichien ; la division Sirtori, mal liée à ses deux voisines, est de plus coupée en deux par le Tione, tandis qu'il lui eût été bien plus avantageux de prendre position tout entière sur les hauteurs de Santa-Lucia.

La gauche de l'armée italienne a donc dépassé la position sur laquelle, mieux dirigée et mieux soumise à l'action du commandement en chef, elle eût dû s'arrêter pour se raccorder avec l'armée, pour mettre de l'ensemble dans la marche, enfin pour se préparer ensuite soit à l'offensive, soit à la défensive.

L'ordre de bataille autrichien est mieux lié, mieux coordonné ; le déploiement a lieu avec plus de simultanéité ; les brigades se soutiennent mieux entre elles ; les réserves sont mieux disposées, et l'influence du commandement en chef se fait mieux sentir.

Dans cet ordre de bataille, nous trouvons à droite la sortie de Peschiera vers Salionze.

Ensuite vient la division de réserve, déployée sur deux lignes par brigades ; l'une sur le Monte Cricol ; l'autre au sud de Castel-Novo.

Dans le Ve corps deux brigades sont déployées sur la crête des hauteurs de San Rocco ; l'une, la brigade Piret, face à l'ouest vers Oliosi, où elle menace le flanc de la division Cerale ; l'autre, la brigade Baner, face au sud et à Santa Lucia, où elle fait front à la division Sirtori ; la 3° brigade est en réserve à San Rocco.

Dans le VIIe corps la brigade Scudier vient se déployer en avant de Zerbare pour établir la liaison entre les Ve et IXe corps ; tandis que les deux autres brigades formant la réserve générale s'établissent à Sona avec le grand quartier général.

Dans le IXe corps, deux brigades viennent se déployer sur le Monte Boscone, qui forme la limite méridionale du massif de Somma-Campagna ; elles bordent le val de Staffalo ; la 3e brigade est en réserve à Somma-Campagna.

Enfin la cavalerie occupe la plaine en avant de Villafranca.

De sorte que l'ordre de bataille autrichien présente une ligne de six brigades d'infanterie, avec trois brigades en réserves partielles et deux brigades en réserve générale ; la cavalerie à l'extrême gauche.

Les brigades de première ligne sont disposées de la manière suivante, et je prends pour exemple la brigade Piret du Ve corps :

Le bataillon de chasseurs couvre le front, avec une division à droite, une au centre et une à gauche ; la batterie de la brigade est sur la chaussée d'Oliosi et devant le centre ; puis les deux régiments d'infanterie sont placés l'un à droite et l'autre à gauche ; chacun d'eux a deux bataillons en première ligne et un bataillon en seconde ; chaque bataillon est formé en colonnes de divisions à distance entière et à intervalle de déploiement ; le général de brigade est derrière le centre avec les troupes accessoires. Le front

de la brigade est de 12 à 1500 mètres. Le front
de l'ordre de bataille est de 10 kilom. du Mincio
à la plaine, et de 12 en y comprenant la cavalerie.

III

Nous arrivons aux divers moments de l'engagement.

Les moments d'une bataille, aussi bien que les
périodes d'une campagne, ne sont autre chose
que les efforts successifs faits par une armée
pour obtenir des résultats partiels qui la con-
duiront au résultat définitif.

Frédéric a dit, à propos des principes de
l'art militaire, qu'il fallait autant que possible
les comparer et les rapporter aux principes plus
positifs de la fortification. L'attaque d'une position militaire ou d'un théâtre d'opérations peut
donc dans une certaine mesure être comparée à
l'attaque d'une place forte ou d'un camp retranché. On agit de même par efforts successifs
et gradués, qui forment les divers moments de
l'engagement ou les diverses périodes de la
campagne.

A Custozza, nous distinguerons quatre moments
principaux, en adoptant la classification de la
relation autrichienne :

Le premier moment va de : 6 heures du matin à 8 heures et demie ; le second, de 8 heures

et demie à 11 heures; le troisième, de 11 heures
à 4 heures et le quatrième, de 4 heures, à la
nuit.

Étudions d'abord le premier moment. Il comprend le déploiement des différentes colonnes et
à la droite un vigoureux engagement entre la
cavalerie autrichienne et l'aile droite italienne.
Suivons le déploiement.

L'avant-garde de la division Sirtori, réunie à
celle de la division Cerale, qui ont toutes deux
commis une erreur de marche, arrivent à Oliosi
et se trouvent en présence de la 1re brigade de
la division de réserve autrichienne. Les Italiens
mettent quelques pièces en batterie; les Autrichiens leur répondent du haut du Monte Cricol;
et de 6 heures à 8 heures et demie, nous avons
de ce côté un engagement préparatoire d'artillerie à grande distance, dont l'objet est de couvrir de part et d'autre le déploiement des brigades qui s'effectue comme nous l'avons indiqué.

Plus à l'est, les tirailleurs de la division Sirtori
rencontrent sur les pentes de San Rocco ceux du
Ve corps autrichien et s'engagent également
pour couvrir les déploiements.

A droite de la division Sirtori, la division Brignone vient, comme nous l'avons dit, s'établir
sur les hauteurs de Custozza, pendant que de
l'autre côté, la brigade Scudier du VIIe corps

occupe Zerbare et que les deux premières brigades du IXᵉ corps viennent border le Monte Boscone.

Enfin, dans la plaine de Villafranca, s'avancent les colonnes du 3ᵉ corps italien; les divisions prince Humbert et Bixio se forment les premières sur deux lignes en avant et à gauche de Villafranca; aussitôt les deux brigades de la cavalerie autrichienne se portent à leur rencontre, l'une de front par Academia, l'autre, celle du colonel Pulz, de flanc par le chemin de Somma-Campagna à Villafranca. Vers 7 heures et demie, l'engagement commence de ce côté par le feu de la batterie de la brigade Pulz établie sur la chaussée; puis les deux régiments de la brigade se déploient, l'un à droite, l'autre à gauche; tous deux s'élancent à la charge. Les Italiens sont surpris et ont à peine le temps de former les carrés; le prince Humbert se jette dans l'un d'eux; les charges de la cavalerie autrichienne se succèdent avec énergie et impétuosité; un bataillon qui n'a pas eu le temps de se former est renversé et plusieurs carrés sont entamés; mais le terrain est coupé et peu favorable à la cavalerie; celle-ci fait des pertes considérables et est enfin obligée de se retirer. Néanmoins les colonnes italiennes, arrêtées et étonnées, sont paralysées pour longtemps. En effet, dans cette portion du champ de bataille où a commencé l'engagement, nous verrons jusqu'au soir les deux partis immobiles : les Autrichiens satisfaits d'avoir arrêté leurs ennemis et d'avoir empêché leur débouché dans la plaine ; les Italiens satisfaits également d'avoir repoussé des charges aussi vigoureuses. La cavalerie autrichienne, forte seulement de 16 escadrons, rendra donc ainsi un grand service à son armée, en contenant et paralysant toute la droite italienne, forte de plus de 20,000 hommes.

Tel est le premier moment de la bataille, qui se résume en manœuvres et déploiements vers le centre et en un engagement sur la droite.

IV

Le deuxième moment dure de 8 heures et demie à 11 heures et présente des événements plus importants, savoir : le combat du Cricol, celui de la cascine de Pernisa et le premier assaut de Custozza.

Transportons-nous devant le Cricol et sur la route de Valeggio à Castel-Novo.

Nous y trouvons d'un côté la division Cerale et de l'autre la division de réserve.

La division Cerale, arrivée à Oliosi, rallie son avant-garde, pendant que l'avant-garde de la division Sirtori appuie à droite le long du Tione pour rejoindre son chef. Puis le général Cerale fait attaquer le Monte Cricol et en repousse les troupes autrichiennes. Il se dispose à s'y établir; mais ici se place un épisode qui montre l'énergie et le dévouement de la cavalerie autrichienne.

Trois pelotons de lanciers de Sicile sont envoyés de Corte par le commandant du Ve corps pour soutenir la division de réserve; ils franchissent le Tione à gué vers Alzarea; rejoignent la route, et ils montent sur le Cricol, au moment même où la 1re brigade de la division de réserve allait en descendre et se mettre en retraite. Arrivés au sommet du col, ils aperçoivent une brigade italienne déployée qui arrive vers la crête, et dans le fond la 2e brigade en colonne qui marche sur la chaussée. Sans hésiter, les lanciers, qui étaient en colonne par pelotons sur la route, se précipitent avec impétuosité sur la division italienne, traversent la première ligne, fondent sur la colonne, blessent le général de division et le général de brigade qui marchaient en tête, s'emparent de 2 pièces et jettent dans le plus grand désordre 4 des 5 bataillons qui composent la brigade; quelques hommes sont saisis d'une telle panique qu'ils s'enfuient jusqu'à Valeggio et repassent le Mincio; de plus la 2e brigade ne put pas se réorganiser de la journée. Une poignée de cavaliers rend ainsi un grand service à l'armée autrichienne; il est vrai qu'ils se sacrifient complétement; obligés de revenir par la même route, ils tombent sous le feu du

seul bataillon resté en ordre et ils perdent en
un instant 84 hommes tués, blessés ou démon-
tés; 17 seulement avec le capitaine rejoignent
la division de réserve.

Celle-ci néanmoins, profitant immédiatement
de l'effet produit par la charge des lanciers de
Sicile, se porte en avant, reprend le Cricol et
marche sur Oliosi. Au moment où la division de
réserve attaque ainsi de front la division Cerale,
la brigade Piret se jette sur son flanc droit. Cette
brigade est déployée, comme nous l'avons vu, à
cheval sur le chemin d'Oliosi à San Rocco et sur
la rive gauche du Tione. Deux batteries de la réserve et la batterie de la brigade préparent
d'abord l'action des troupes; puis la brigade
Piret franchit le Tione, marche sur Oliosi et y
entre par l'est en même temps que la division
de réserve par le nord. La division Cerale, très-
maltraitée, recule en désordre vers le Monte
Vento, où le général Durando établit, pour la
couvrir, la réserve du corps d'armée. Les Autrichiens occupent Oliosi et le Monte Tercolo.
Vers 11 heures, la bataille n'est plus sur ce
point qu'une lutte d'artillerie.

Nous remarquerons que l'échec de la division
Cerale est dû surtout au défaut de liaison entre
les divisions italiennes; si les deux divisions Cerale et Sirtori avaient été à même hauteur, le
flanc droit de la première n'aurait pas été dé-

couvert et l'attaque de la brigade Piret n'aurait pas été aussi facile.

Passons au combat de la division Sirtori.

Vers 8 heures, la 1re brigade de la division Sirtori a franchi le Tione et s'est déployée perpendiculairement au chemin de San Rocco, en occupant Feniletto, Pernisa et Seraglio. La 2e brigade se déploie en arrière sur l'autre rive du cours d'eau. Un régiment autrichien qui marchait de San Rocco sur Feniletto rencontre à Jese les troupes italiennes ; il est maltraité, mais un bataillon de chasseurs est jeté sur le flanc droit des Italiens et les met en désordre ; leur 1re brigade se retire sur la rive droite du Tione, et vers 10 heures 1/2, les deux partis s'observent d'une rive à l'autre.

A la droite de la division Sirtori, la division Brignone, qui vers 8 heures vient de s'établir sur les hauteurs à l'est de Custozza, voit au même moment le IXe corps autrichien prendre l'offensive pour l'en chasser. Les 2 brigades du IXe corps descendent du Monte Boscone et franchissent le val de Staffalo, l'une par Mascarpine, et l'autre par Staffalo. Elles s'élancent à l'assaut des hauteurs ; mais elles sont vigoureusement reçues par la division Brignone, pendant que sur la droite, dans la plaine, la division Cugia dispose plusieurs batteries qui enfilent le val Staffalo et inquiètent les colonnes autrichiennes. De plus, le général Lamarmora, qui s'est avancé sur les hauteurs de Custozza, appelle au secours de la division Brignone un régiment de la division Cugia et la division Govone tout entière ; celle-ci entre en ligne à peu près vers 10 heures 1/2, après avoir déposé ses sacs dans la plaine ; elle relève les troupes épuisées de la division Brignone. Après un combat violent, les 2 brigades du IXe corps autrichien sont repoussées.

Il en est de même de la brigade Scudier, qui s'est avancée d'abord de Zerbare sur le Monte Godi, qui se trouvant alors sur un terrain dominé et entendant le combat du Monte Croce, a marché sur Custozza, et renversé la gauche de la division Brignone. La retraite du IXe corps laisse cette brigade isolée sur les hauteurs de Custozza ; bientôt menacée par des forces très-supérieures, elle est obligée de battre en retraite sur Zerbare, protégée par une autre brigade du VIIe corps qui se porte en avant pour la couvrir. A l'extrême droite, la cavalerie autrichienne fait quelques mouvements dans la plaine, pendant que les divisions Bixio et prince Humbert restent immobiles sur le même terrain. De sorte que vers 11 heures, les Autrichiens ont obtenu un succès à droite, ont livré au centre un combat insignifiant, mais ont éprouvé un échec sur leur gauche.

V

Nous arrivons au 3ᵉ moment de l'engagement, qui dure de 11 heures à 4 heures et qui comprend la marche de la division de réserve sur Mozembano, la prise du Monte Vento, la prise de Santa Lucia et l'assaut des hauteurs de Belvedere.

Nous avons dit plus haut que le général Durando avait établi la réserve du 1ᵉʳ corps sur le Monte Vento pour couvrir la retraite de la division Cerale ; de plus il appelle à lui la division Pianelli, dont une brigade débouche de Mozembano et se déploie en avant du pont, sur le Monte Sabbione, pendant que l'autre brigade revient de Pozzolengo et se rapproche du même point.

Les Autrichiens victorieux s'avancent vers Mozembano et vers le Monte Vento sous la protection de leur artillerie.

La division de réserve et la sortie de Peschiera se dirigent vers Mozembano et la brigade Piret vers le Monte Vento.

Un bataillon de chasseurs de la division de réserve, le 36ᵉ, cherche à se glisser le long du Mincio, pour aller surprendre le pont de Mozembano ; il en était à environ 1200 pas et marchait sans précaution, lorsque le général Pianelli, qui l'aperçoit du haut du Monte Sabbione, lui oppose de front un régiment d'infanterie et une batterie, le fait battre sur son flanc droit par les feux d'un bataillon placé de l'autre côté du Mincio, jette sur son flanc gauche deux escadrons de guides et enfin rabat sur ses derrières le 17e bataillon de bersaglieri qui l'avait dépassé. Complétement entouré, le malheureux bataillon autrichien est pris ou détruit presque en entier. Néanmoins la division de réserve continue son mouvement offensif et a de nombreux engagements avec les débris de la division Cerale. A la ferme de Maragnotte un bataillon du régiment Paumgarten est surpris tout à coup par le feu de salve d'un bataillon de bersaglieri appartenant à la réserve du 1er corps et qui a été porté en avant du Monte Vento. Caché dans un pli de terrain, ce bataillon se lève soudain, fait un feu d'ensemble et culbute les Autrichiens à la baïonnette. Malgré ces échecs partiels, la division de réserve parvient sur la berge du ravin de Sorio, garnit la ligne Salionze-Canova et de là engage un combat d'artillerie avec la division Pianelli.

La brigade Piret, qui combat avec la division de réserve sur la rive droite du Tione, marche d'Oliosi sur le Monte Vento. Après une lutte d'artillerie qui se prolonge jusque vers 3 heures, elle se porte à l'attaque, au moment même où le général Durando, blessé d'un éclat d'obus, est obligé d'abandonner le commandement du 1er corps ; elle profite de cet incident et occupe la position sans de grands efforts.

Plus à droite, la division Sirtori est attaquée sur les 2 heures par les brigades Bauer et Mohring; elle est chassée de la position de Santa Lucia, après une résistance assez molle, et elle se met en retraite sur Valeggio. Le Ve corps autrichien occupe alors Santa Lucia et le Monte Mamaor, d'où il menace le flanc gauche des troupes italiennes établies à Custozza.

De ce côté la division Govone, soutenue par les débris de la division Brignone et par une partie de la division Cugia, repousse une seconde attaque du IXe corps autrichien. Mais alors l'archiduc Albert fait avancer les 2 brigades de réserve du VIIe corps, qui sont encore intactes, et il ordonne avec elles un nouvel effort. Les 2 brigades se déploient entre la Berettara et Guastalla; elles s'avancent précédées de 5 batteries formant 40 bouches à feu ; elles occupent le Monte Godi et traversent le ravin de Staffalo ; elles montent à l'assaut des hauteurs de Belvedere après que les hommes ont déposé leurs sacs ; elles s'emparent presque sans résistance de la Baggolina et de Belvedere ; puis les 40 pièces autrichiennes commencent à battre Custozza.

A la fin du troisième moment et vers 4 heures, l'on voit que malgré quelques échecs partiels, le succès se prononce de plus en plus pour les Autrichiens, qui sont vainqueurs à la fois au Monte

Vento, à Santa Lucia et sur les hauteurs de Belvedere. Il est vrai que toutes leurs troupes sont engagées ; il ne reste plus à l'archiduc que deux bataillons et une batterie, tandis que, du côté des Italiens, les divisions Bixio et prince Humbert sont à peu près intactes, et que les deux divisions du 2e corps formant la réserve n'ont pas encore tiré un coup de fusil. Mais il ne suffit pas de conserver des réserves, il faut les utiliser ; or les deux divisions Bixio et prince Humbert continuent à s'en laisser imposer par la faible cavalerie du colonel Pulz, et les deux divisions du 2e corps, empêtrées dans les bagages qui couvrent les routes, ne peuvent parvenir à s'en dégager. Aussi le quatrième et dernier moment de la bataille amène le succès définitif de l'armée autrichienne.

VI

Ce quatrième moment comprend l'assaut de Custozza et la poursuite de la cavalerie.

Pour l'assaut de Custozza, la brigade Mœhring, du Ve corps, descend à 4 heures et demie du Monte-Mamaor et marche sur Custozza, qu'elle aborde par l'ouest ; au même moment une brigade du VIIe corps y entre par le nord ; enfin quelques troupes du IXe corps traversent le val de Staffalo et se portent vers le Monte Croce. Cette triple attaque est préparée par le feu d'une puissante artillerie. Les divisions Govone et Cugia, qui ne sont pas soutenues, battent en retraite vers Valeggio et Pozzolo. Les Autrichiens occupent Custozza et sont décidément vainqueurs.

La cavalerie impériale cherche à profiter du succès et à le compléter. Malgré ses pertes du matin et l'épuisement des chevaux, elle s'avance entre Custozza et Villafranca ; elle ramasse de nombreux prisonniers, elle inquiète les divisions Bixio et prince Humbert, qui se retirent à leur tour, mais elle ne peut ni les entamer, ni empêcher leur retraite sur Goïto.

Pendant la nuit, nous voyons dans l'armée italienne le 1er corps repasser le Mincio et se concentrer entre Volta et Cavriana ; dans le 3e corps, une division est à Valeggio, une autre à Pozzolo, et enfin les deux dernières, avec la cavalerie, sont à Goïto ; dans le 2e corps, il y a toujours deux divisions qui observent Mantoue, et les deux autres occupent Goïto ; enfin le quartier général est à Cerlungo.

Dans l'armée autrichienne, le quartier général est à Zerbare ; la division de réserve avec la brigade Piret s'étend sur la ligne de Salionze au Monte Vento ; les deux autres brigades du Ve corps occupent Seraglio, Santa Lucia et Custozza, avec le quartier général à Capellino ; dans le VIIe corps, le quartier général est au Monte Godi ; deux brigades sont autour de Custozza et la troisième près de Sona ; dans le IXe corps, le quartier général est à Somma-Campagna, et les brigades bivouaquent autour de Somma et sur le Monte Croce ; enfin la cavalerie, à cause du manque d'eau, est obligée de venir s'établir au bivouac près de Vérone.

Dans la bataille de Custozza, les Italiens perdent environ 8,000 hommes, dont 4,000 prisonniers, et de plus 15 canons et 150 voitures. Les Autrichiens, qui ont presque toujours pris l'offensive, perdent également 8,000 hommes, dont 2,300 tués, 4,500 blessés et environ 1,500 prisonniers. Ces chiffres ont leur signification et montrent que si les Autrichiens ont fait des efforts héroïques, les Italiens se sont également battus avec courage.

Telle est la bataille de Custozza, dont nous allons voir plus loin les conséquences.

QUATRIÈME PARTIE.

Conséquences et observations.

I

La bataille de Custozza n'a pas des conséquences bien considérables d'abord parce que l'armée autrichienne, par suite des circonstances dans lesquelles elle se trouve, ne peut pas s'éloigner de Vérone pour poursuivre l'armée du roi ; ensuite parce que quelques jours après la victoire de l'archiduc, le désastre de Benedeck vient en contre-balancer l'effet.

Le lendemain de la bataille, l'archiduc Albert campe sur le terrain qu'il a conquis ; puis il se dispose à marcher sur Cialdini, qui a commencé le passage du Pô inférieur ; mais bientôt il apprend que la défaite de la première armée italienne a arrêté le mouvement offensif de la seconde, et de plus que le roi s'est retiré jusque derrière l'Oglio. Alors, pour bien accuser son attitude victorieuse et en même temps pour éviter l'air empesté du champ de bataille, l'archiduc franchit le Mincio le 1er juillet et prend position sur la rive droite. Il y reste le 2.

Le 3 juillet, il repasse sur la rive gauche pour se rapprocher de Vérone. Le 4, il reçoit un télégramme qui lui annonce le désastre de la grande armée de Bohême. Il commence immédiatement sa retraite et l'évacuation de la Vénétie. Le Ve corps, prenant le chemin de fer du Tyrol, est dirigé sur Vienne ; les VIIe et IXe corps se retirent par Vicence derrière la Brenta, la Piave, le Tagliamento et l'Isonzo, ne laissant derrière eux que les garnisons des places fortes. A Udine, le IXe corps s'embarque sur le chemin de fer de Vienne par Laybach, et le VIIe corps, avec les troupes locales, reste seul pour résister aux forces italiennes. Celles-ci sont partagées en deux masses : pendant que 80,000 hommes, sous les ordres du roi, assiégent ou masquent les places fortes de la Vénétie, 180,000 autres, sous les ordres de Cialdini, suivent l'armée autrichienne dans sa retraite et viennent enfin border l'Isonzo. Quelques engagements ont lieu entre les avant-gardes italiennes et les arrière-gardes impériales ; mais l'armistice de Nikolsbourg arrête et termine les opérations.

Je ne parle pas ici de la bataille de Lissa, qui appartient aux opérations maritimes.

II

Après l'étude de la campagne de 1866 en Italie, il me paraît intéressant de jeter un coup d'œil sur les événements militaires qui ont eu lieu antérieurement sur le même théâtre, afin d'y chercher quelques points de comparaison avec les événements dont nous venons de parler.

La haute Italie a été l'un des grands champs de bataille de l'antiquité, du moyen âge et de la Renaissance. Mais nous ne nous occuperons que des siècles modernes, les XVIIIe et XIXe, et nous indiquerons succinctement les opérations qui y ont eu lieu, en signalant leurs analogies avec celles de 1866.

Passons d'abord rapidement sur la guerre de la Succession et rappelons seulement qu'en 1701 Catinat, à la tête d'une armée franco-espagnole, défend l'Adige contre les entreprises du prince Eugène ; celui-ci, favorisé par les Vénitiens, se dirige vers le Pô inférieur et semble vouloir opérer dans la direction de Ferrare et de Bologne ; Catinat, trompé par ces démonstrations et par de faux renseignements, éparpille ses forces de Rivoli à Ostiglia ; le prince Eugène revient alors brusquement sur ses pas, concentre le gros de ses forces entre l'Adige et le Pô, et débouche tout à coup sur Carpi. Il y accable un détachement français assez considérable, perce la longue ligne de Catinat et le rejette successivement et en désordre sur le Mincio, sur l'Oglio et enfin sur l'Adda. Cette seule affaire livre aux Impériaux la moitié de la Lombardie et leur donne une grande supériorité morale. Plus tard, en 1706, dans la même guerre et sur le même théâtre, le duc de Vendôme remporte sur les Impériaux la victoire de Calcinato au début de la campagne ; et vers la fin, M. de Medavi remporte sur le prince de Hesse la victoire de Castiglione, pendant que le duc d'Orléans et le maréchal de Marsin perdent la malheureuse bataille de Turin.

Des guerres de Louis XIV, si nous passons aux guerres de la Révolution et de l'Empire, nous voyons pendant cette période les armées se rencontrer à plusieurs reprises sur le théâtre qui nous occupe.

C'est d'abord, en 1796, l'armée du général Bonaparte qui lutte contre les armées autrichiennes de Wurmser et d'Alvinzi.

Le 30 mai 1796, Bonaparte, qui vient de conquérir en quelques semaines le Piémont et la Lombardie, arrive devant le Mincio ; il le passe à Borghetto en battant Beaulieu et en le rejetant vers le Tyrol. Puis il forme le siége de Mantoue, et nous trouvons alors une série d'opérations qui sont encore considérées aujourd'hui comme un modèle classique de stratégie et de tactique, et avec lesquelles celles de l'archiduc Albert en 1866 présentent une certaine analogie. Pendant cette période, Bonaparte occupe une position centrale dans les environs de Villafranca, d'où il surveille à la fois les débouchés du Tyrol et ceux du Frioul, sur lesquels il a réparti ses divisions avec beaucoup d'art. Les Autrichiens emploient contre lui deux lignes d'opérations et forment toujours deux attaques; mais le général français sait à chaque fois reconnaître la véritable et s'y porter avec la masse de ses forces. C'est là le principal caractère des opérations de Bonaparte contre Wurmser à la fin de juillet quand celui-ci débouche en 2 colonnes par les 2 rives du lac de Garde ; contre Alvinzi au mois de novembre, quand celui-ci paraît avec son armée sur la Brenta et qu'il fait faire en même temps une démonstration sur Rivoli; enfin contre Alvinzi encore, quand celui-ci reparaît en janvier 1797, avec une nouvelle armée, dont une colonne attaque Rivoli pendant que l'autre menace Vérone.

Nous passerons maintenant rapidement sur la campagne de 1800 et sur le passage du Mincio par Brune à Pozzolo et à Mozembano; sur la campagne de 1805, où Masséna livre à l'archiduc Charles la bataille de Caldiero ; sur celle de 1809, où le prince Eugène livre à l'archiduc Jean la bataille de Sacile ; enfin sur la campagne de 1814, où le même prince Eugène cherche à couvrir l'Italie contre l'armée autrichienne de Bellegarde et contre l'armée napolitaine de Murat, et où il livre à la première avec 30,000 hommes contre 60,000, la bataille indécise du Mincio.

Mais nous arrivons à la période contemporaine

qui comprend les trois campagnes de 1848, de 1859 et de 1866; et nous nous arrêtons particulièrement sur la première, qui se passe exactement sur le même terrain que celle de 1866, avec les mêmes appuis, Peschicra, Vérone, Mantoue, et avec des engagements sur les mêmes points, Sonà, Somma-Campagna et Custozza.

En 1848, après la révolte de Milan, Radetski se retire à Vérone avec les débris de son armée; l'Italie tout entière se lève contre lui; aux Lombards se joignent les Romains, les Toscans, les Napolitains et surtout les Piémontais, qui possèdent une armée bien organisée. Le roi de Piémont, Charles-Albert, prend le commandement des forces italiennes sur le Mincio, pendant que le général Durando forme une seconde armée italienne sur la Brenta en avant de Venise; Radetski se trouve ainsi entre deux armées ennemies, et il n'a plus qu'une seule ligne de retraite par le haut Adige sur le Tyrol.

Charles-Albert franchit le Mincio avec 100,000 hommes et prend position sur les hauteurs de San Giustina, de Sona et de Somma-Campagna pour couvrir le siége de Peschiera. Il attaque les Autrichiens à Pastrengo et les rejette sur la rive gauche de l'Adige. Il fait capituler Peschiera et s'apprête à faire le siége de Mantoue. Mais c'est là le point culminant de l'offensive italienne.

Radetski a reçu des renforts; il a réorganisé son armée d'opérations en 2 corps et une réserve; il repousse facilement à Santa Lucia une attaque des Italiens, qui comptaient à tort sur leurs intelligences dans Vérone; il fait rentrer une partie de la Vénétie sous la domination autrichienne; et bientôt il prend l'offensive à son tour.

Il se porte d'abord sur l'armée du roi, qu'il attaque à Goïto; après un combat incertain, il rentre dans Vérone, mais pour marcher immédiatement contre Durando, qu'il attaque et qu'il écrase à Vicence.

Débarrassé ainsi de l'une des deux armées italiennes, il revient sur l'autre et lui livre la bataille de Custozza, qui dure 3 jours et qui décide du sort de la guerre.

Le premier jour, 23 juillet, l'armée autrichienne s'avance sur la route de Peschiera, attaque le corps de Sonnaz, qui servait d'armée d'observation et occupait les hauteurs de San Giustina. Elle le rejette sur la rive droite du Mincio.

Le 24, Charles-Albert concentre les troupes de l'armée de siége, attaque le flanc gauche de l'ennemi à Valeggio, Custozza et Somma-Campagna; ces deux derniers points sont occupés, après quelques efforts, par les brigades Cuneo et duc de Gênes.

Mais le 25, Radetski fait observer Sonnaz par un corps qu'il appelle du Tyrol; il exécute un changement de front à gauche et prend un ordre de bataille analogue à celui de l'archiduc Albert en 1866; sa ligne de bataille formée de 2 corps, s'étend de Valeggio vers Somma-Campagna, la droite au Mincio, la gauche à la plaine où se trouve la cavalerie; le 3e corps sert de réserve, et une sortie de Vérone agit à l'extrême gauche. Les Italiens ont en ligne 3 brigades, à Valeggio, Custozza et Somma-Campagna, et une 4e en réserve. Malgré une chaleur accablante, l'aile gauche autrichienne prend vigoureusement l'offensive, et emporte Somma-Campagna et Custozza. L'occupation de ces deux points décide la victoire; les Italiens se mettent en retraite et évacuent successivement les lignes du Mincio, de l'Oglio et de l'Adda. Bientôt Charles-Albert est obligé de se retirer en Piémont, et un armistice arrête les hostilités.

L'année suivante, l'armistice est rompu et la lutte recommence; mais le moment de la délivrance de l'Italie n'est pas encore arrivé; Charles-Albert est vaincu à Novare, et les Autrichiens dominent de nouveau dans la Péninsule.

En 1859, l'armée française reprend l'œuvre interrompue, et pendant la première période de la campagne, repousse les Autrichiens jusqu'au Mincio. Pendant la 2e période, les armées manœuvrent sur le théâtre dont nous nous occupons. Le 21 juin, l'armée autrichienne est sur la rive gauche du Mincio, avec son aile droite autour de Custozza, son aile gauche autour de Mantoue, et le grand quartier général à Villafranca; le 23, elle prend l'offensive et franchit le Mincio; les 4 corps de sa droite sont groupés autour de Cavriana, pendant que les 4 corps de la gauche sont échelonnés sur la route de Goïto à Guidizzolo; le grand quartier général est à Valeggio. Au même moment, l'armée française est sur la Chiese autour de Monte Chiaro.

Le 24, les deux armées s'avancent au devant l'une de l'autre sans se douter de leur voisinage immédiat, et alors a lieu la bataille de Solferino. Les Autrichiens, battus, se retirent sous Vérone, pendant que l'armée française passe le Mincio et vient prendre position sur le terrain dont nous avons parlé et qui forme le champ de bataille de Custozza.

Comme nous l'avons dit en commençant, la campagne de 1859 donne à l'Italie la Lombardie et commence son agrandissement territorial, qui continue en 1860 et 1862 par les annexions, et qui se complète presque entièrement par l'acquisition de la Vénétie en 1866, à la suite des opérations que nous venons d'étudier.

Telles sont les diverses campagnes qui ont eu lieu dans la partie orientale de la haute Italie pendant les XVIIIe et XIXe siècles; et parmi elles, il y en a deux qui offrent, comme nous l'avons fait remarquer, une certaine analogie avec celle de l'archiduc Albert: ce sont les campagnes de

Bonaparte en 1796 et de Radetski en 1848, où, comme en 1866, on voit une armée plus faible luttant contre des forces très-supérieures, mais utilisant habilement les avantages d'une position centrale, d'une bonne préparation, et enfin de dispositions savantes et énergiques.

III

Notre étude ne serait pas complète si nous ne cherchions pas à en tirer quelques enseignements et à faire quelques observations sur la campagne que nous venons d'étudier. Nous la considérerons successivement aux trois points de vue de la préparation, de la stratégie et de la tactique.

Si nous l'examinons d'abord au point de vue de la préparation, nous ferons les remarques suivantes :

Dans l'armée autrichienne, les équipages sont mieux organisés que dans l'armée italienne, où l'artillerie de réserve, à cause du manque de chevaux, est traînée par des bœufs, et où le train est confié à des entrepreneurs civils. Par suite, le jour de la bataille, nous voyons l'armée autrichienne, n'ayant que ses bagages restreints et peu d'impedimenta, manœuvrer et combattre avec facilité, tandis que l'armée italienne, encombrée de voitures, ne peut engager qu'une partie de ses divisions, et ne peut faire avancer ses réserves sur des routes obstruées par ses convois.

Nous remarquerons, en second lieu, que dans l'armée italienne, les distributions ne sont pas faites convenablement, et que l'on ne se préoccupe pas assez de la nourriture des troupes. L'archiduc Albert, au contraire, prescrit le 23, au soir, de distribuer double ration de vivres et de vin, de faire la soupe et de la manger immédiatement, en gardant la viande pour la journée du lendemain ; il prescrit d'emmener pour la journée du 24 deux têtes de bétail par bataillon d'infanterie et par régiment de cavalerie, et de faire prendre aux hommes le café noir, avant de les mettre en route ; de sorte que dans l'armée autrichienne, la préparation paraît meilleure que dans l'armée opposée, et c'est là une première cause de succès.

Si nous examinons maintenant la campagne au point de vue stratégique, nous remarquerons que les Italiens agissent sur deux lignes d'opérations distinctes et séparées. L'emploi de ces lignes a pour avantage de diviser l'attention et les forces de l'ennemi, et de permettre à des masses considérables de vivre et de manœuvrer plus facilement ; mais en même temps il a l'inconvénient de permettre à l'adversaire de prendre une position centrale entre les deux lignes, de masquer l'une avec un rideau de troupes et d'agir sur l'autre avec la masse de ses forces; comme en 1796, Bonaparte entre les colonnes de Wurmser et d'Alvinzi ; comme en 1848, Radetski entre le roi de Piémont et le général Durando.

On a reproché aux Italiens d'avoir adopté une combinaison stratégique aussi dangereuse ; nous remarquerons cependant qu'au moment où ils l'emploient contre le quadrilatère, les Prussiens s'en servent également contre la Bohême et avec bien plus de dangers encore ; car tandis que les deux masses italiennes sont supérieures toutes deux à l'armée de l'archiduc, les deux masses prussiennes sont chacune inférieures de près de moitié à l'armée de Benedeck.

La différence des résultats tient à la différence d'exécution et surtout à la différence d'attitude des deux armées défensives. Sous le rapport de l'exécution, en Bohême, les deux armées prussiennes s'avancent au devant l'une de l'autre, avec un ensemble, une audace et un bonheur remarquables ; tandis qu'en Italie les 2 armées offensives manœuvrent avec une certaine lenteur, une certaine indécision, avec peu d'ensemble et en s'éclairant d'une manière insuffisante. Sous le rapport de la défense, en Bohême, Benedeck rassemble ses troupes loin du point décisif, il les y amène tardivement, il les y engage partiellement, et enfin il livre la bataille de Sadowa avec une armée fatiguée, découragée, diminuée par les marches et les combats précédents; tandis qu'en Italie l'archiduc Albert prévoit et devine à l'avance les desseins de ses adversaires, il prend une bonne position centrale, il y repose ses troupes et les prépare à un grand effort, il se renseigne avec soin et enfin au moment décisif il se porte vigoureusement et en masse, sur l'armée la plus rapprochée et la plus redoutable.

De sorte que sous le rapport stratégique comme sous celui de la préparation, nous trouvons plus d'habileté chez les Autrichiens que chez leurs adversaires.

Enfin, au point de vue tactique, nous ferons les observations suivantes :

Nous remarquerons d'abord une certaine différence dans la conduite des deux généraux opposés. L'un, le général autrichien, s'avance successivement de San Massimo à Montebello près de Sonà; puis au mont des Cyprès, près de San-Giorgio, enfin à San Rocco; suivant ainsi le centre de son armée, en surveillant les manœuvres, cherchant à y mettre de l'ordre, faisant soutenir les différentes brigades les unes par les autres, lançant ses réserves au moment opportun, en un mot, dirigeant l'ensemble de la bataille. De l'autre côté, l'état-major italien surpris par les événements n'occupe pas une position centrale derrière l'armée d'où il puisse voir l'ensemble des manœuvres ; il se porte au contraire avec une certaine précipitation, dit le colonel Lecomte d'abord à Villafranca, puis à Custozza, et enfin revient à Goïto pour faire avancer les deux divisions de réserve, de sorte que la direction semble avoir fait défaut dans l'armée italienne ; les divisions considérées isolément se battent avec courage, mais elles ne se soutiennent pas convenablement, et elles ne présentent pas l'ensemble que l'on trouve dans les brigades de l'armée opposée.

En second lieu, l'archiduc Albert sait faire combattre la presque totalité de ses troupes ; deux bataillons et une batterie seuls, ne donnent pas ; dans l'armée italienne, une brigade de la division Pianelli et les deux divisions de réserve ne tirent pas un coup de fusil ; à l'aile droite, 2 divisions d'infanterie et la division de cavalerie de réserve s'en laissent imposer par les 2 brigades du colonel Pulz, de sorte que, malgré leur supériorité numérique, les Italiens combattent en nombre inférieur sur les points principaux du champ de bataille.

En troisième lieu, nous remarquerons que la principale ligne d'attaque indiquée par l'archiduc, c'est-à-dire la direction de Castel-Novo à Valeggio, menaçait bien la ligne de retraite de l'ennemi, tout en permettant à l'armée autrichienne de bien couvrir ses communications du Tyrol. De plus, l'archiduc avait rassemblé sur la direction choisie des forces considérables, la sortie de Peschiera, la division de réserve et la brigade Piret, formant en tout plus de 20,000 hommes. Néanmoins l'on s'est demandé s'il n'y avait pas moyen de faire mieux encore en portant le V° corps tout entier sur la rive droite du Tione, et en se tenant sur la défensive à Somma-Campagna, derrière le val de Staffalo. Les succès de la droite n'eussent ils pas été ainsi plus décisifs, et les échecs du IX° corps avec les pertes considérables qui en furent la conséquence n'auraient-ils pas été évités ? Si les Italiens avaient pris l'offensive de ce côté, à leur tour ils auraient eu contre eux les difficultés du terrain et la chaleur écrasante de la journée ; de plus les succès qu'ils auraient pu obtenir ne compromettaient en rien l'armée autrichienne, qui avait toujours sa retraite assurée sur le Tyrol.

Enfin nous remarquerons en dernier lieu que l'action des différentes armes a été à Custozza ce qu'elle est ordinairement dans toutes les batailles.

L'artillerie y a généralement entamé les engagements en cherchant à contre-battre l'artillerie opposée, à couvrir les déploiements, à renverser les obstacles, et à faire des brèches dans l'ordre de bataille ennemi ; ses distances de combat ont été en moyenne de 2,000 pas. Puis les brigades et les divisions d'infanterie se sont rapprochées et ont combattu par quelques feux de salve, mais surtout par des feux de tirailleurs, avec un grand nombre d'actions particulières pour l'attaque ou la défense des maisons isolées, des villages et des hauteurs. La cavalerie, particulièrement la cavalerie autrichienne, a fait des charges vigoureuses, a produit un grand effet et a ramassé de nombreux prisonniers après le succès. Les trois armes ont donc joué à Custozza leur rôle ordinaire; seulement l'on a remarqué que dans l'armée autrichienne, elles se sont généralement mieux soutenues que dans l'armée opposée.

De sorte que, en résumé, les Autrichiens paraissent avoir été supérieurs à leurs adversaires aux trois points de vue de la préparation, de la stratégie et de la tactique; cela explique suffisamment leur succès.

IV

En terminant ici l'étude de la campagne de 1866 en Italie, j'observerai que cette campagne ne paraît pas avoir été appréciée à sa juste valeur; Sadowa a trop fait oublier Custozza; et cependant l'archiduc Albert a déployé dans cette circonstance des talents de premier ordre en luttant avec une armée de 80,000 hommes contre 200,000 Italiens; il a montré l'habileté du général en chef aussi bien dans la préparation que dans l'exécution de ses opérations; comme il le dit lui-même dans sa correspondance, il a cherché à s'inspirer de l'esprit de Bonaparte et de Radetski, ses deux illustres prédécesseurs sur le même théâtre ; je crois pouvoir ajouter qu'il y a réussi et que ses opérations, à leur tour, pourront servir de modèle et fournir plus d'un enseignement.

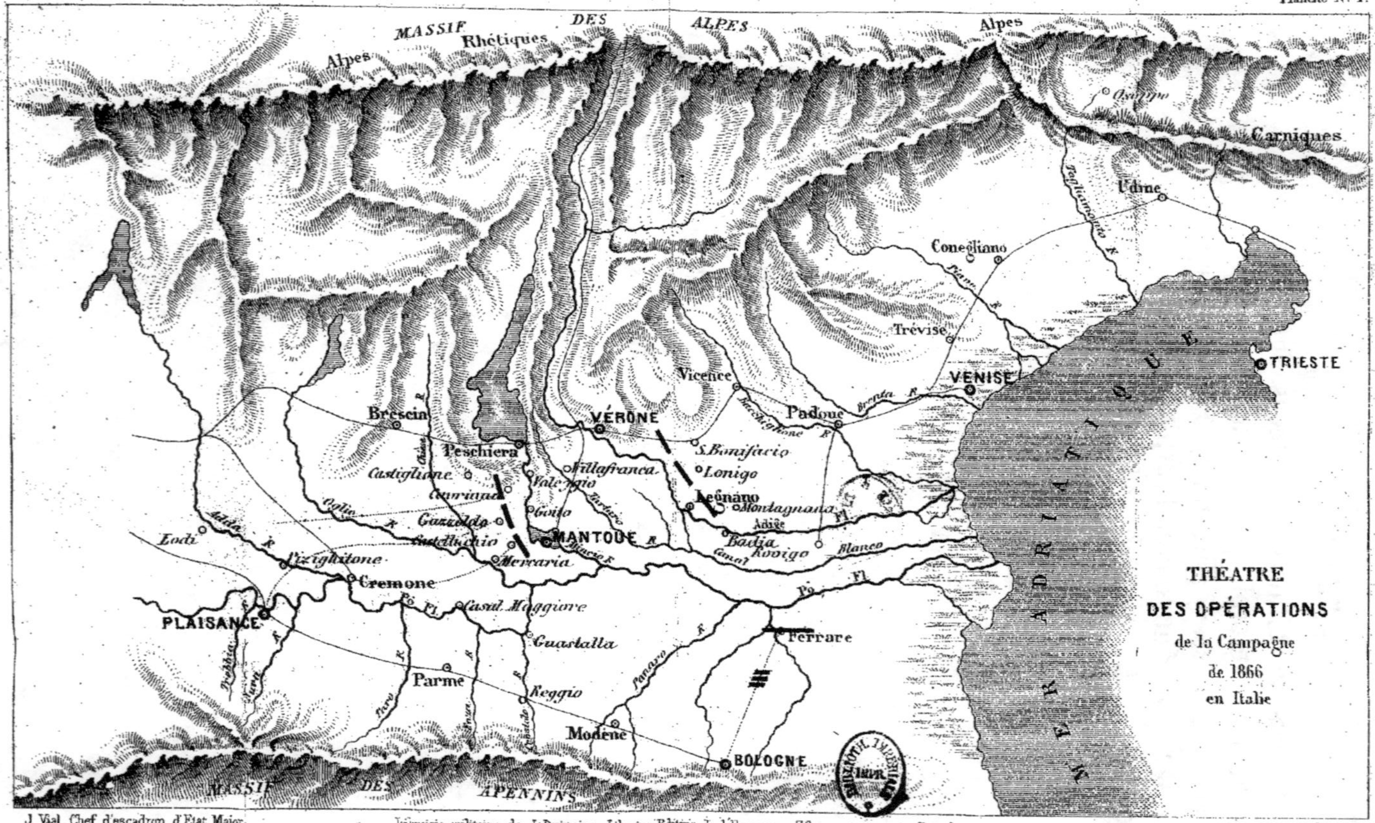

Conférences _ 2me Série. No 2
Planche No 1.
MASSIF Rhétiques DES ALPES Alpes
Alpes
Carniques
Udine
Conegliano
Tagliamento R
Trévise
Piave
VENISE
TRIESTE
Vicence
Brenta R
Padoue
Bacchiglione R
VÉRONE
Brescia
Peschiera
S. Bonifacio
Lonigo
Castiglione
Villafranca
Leñnano
Montagnana
Goito
Valeggio
Adige
Curtatone
Tartaro R
Oglio
Goito
Badia
Blanco
Gazzoldo
MANTOUE R
Rovigo
Lodi
Castelluchio
Mincio R
Canal
Adda R
Merraria
Po FL
Pizzighitone
Cremone
Casal Maggiore
Po FL
PLAISANCE
Guastalla
Ferrare
Parme
Reggio
Panaro
Modène
BOLOGNE
MASSIF DES APENNINS
MER ADRIATIQUE
THÉATRE
DES OPÉRATIONS
de la Campagne
de 1866
en Italie
J. Vial _ Chef d'escadron d'Etat Major.
Librairie militaire de J. Dumaine _ Libraire Editeur de l'Empereur, 30, rue et passage Dauphine.
Lith Goyer et Hermet Frès

BATAILLE DE CUSTOZZA
le 24 Juin 1866.

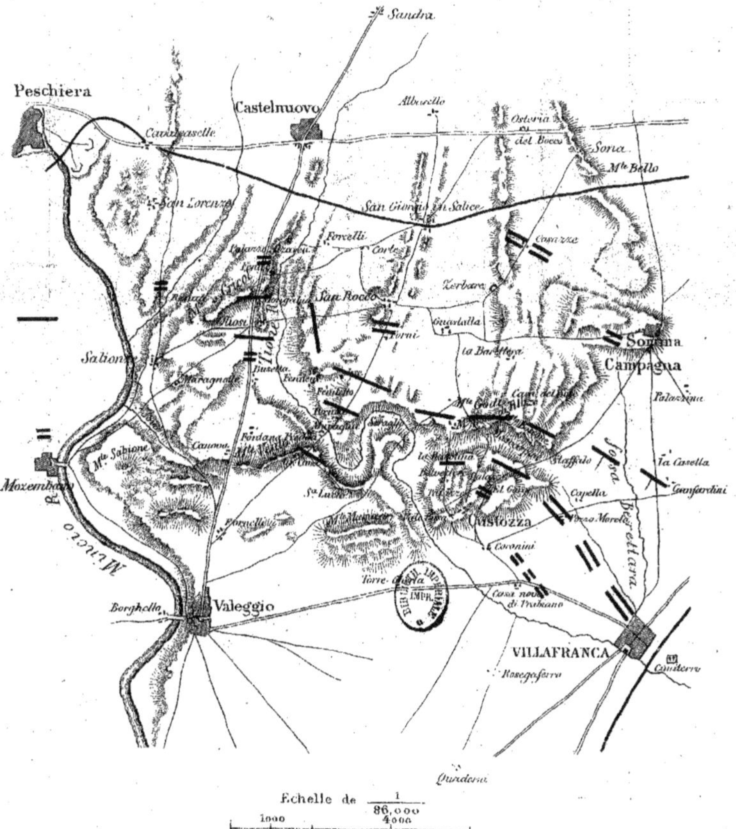

Échelle de $\dfrac{1}{86,000}$

J. Vial. Chef d'escadron d'État Major _ Librairie militaire de J. Dumaine, Libraire Éditeur de l'Empereur 30, rue et passage Dauphine _ Lith Gayet et Bernat Frères

www.ingramcontent.com/pod-product-compliance
Lightning Source LLC
Chambersburg PA
CBHW061253060726

47596CB00002B/582